SANDRA LANE

HISTÓRIAS DA NOSSA GENTE

ILUSTRAÇÕES:
FLÁVIO FARGAS

MAZZA
edições

Copyright © 2010 by **Sandra Lane**
Todos os direitos reservados.

Capa e ilustrações: **Flávio Fargas**
Revisão: **Libério Neves**
Projeto gráfico e diagramação: **Anderson Luiz Souza**
Impressão e acabamento: **PROL Gráfica**

Proibida a reprodução total ou parcial.
Os infratores serão processados na forma da lei.

L265h	Lane, Sandra.
	Histórias da nossa gente / Sandra Lane ; ilustrações de Flávio Fargas. – Belo Horizonte: Mazza Edições ; 2010.
	48 p.; 18 x 26 cm.
	ISBN: 978-85-7160-509-1
	1. Literatura infanto-juvenil. I. Fargas, Flávio. II. Título.
	CDD: B869.08
	CDU: 087.5

Obra atualizada conforme o
Acordo Ortográfico da Língua Portuguesa.

Mazza Edições Ltda.
Rua Bragança, 101 • Pompeia
30280-410 • Belo Horizonte • Minas Gerais
Telefax: [31] 3481 0591
edmazza@uai.com.br • www.mazzaedicoes.com.br

À Talita Lane, amada filha.

Aos meus antepassados, que sopram nos meus ouvidos e pedem que eu conte as histórias que não devem ser esquecidas.

SUMÁRIO

PREFÁCIO 7

APRESENTAÇÃO 11

HISTÓRIA DA NOSSA GENTE 17

CHICO REI 25

ZUMBI DOS PALMARES 33

AS AMAZONAS 39

GAÚ-CHE 43

PREFÁCIO

Enquanto super-heróis, superfabricados, superconsumidos e superalienantes invadem lares e cabeças, Sandra Lane alimenta nossos corações e mentes com histórias da nossa gente, histórias dos nossos heróis sem medalhas, guerreiros das mais difíceis batalhas. Histórias de quem teve "raça e coragem para tornar verdadeiro o sonho de liberdade". Histórias de sofrimento e lutas, histórias lúdicas e lúcidas, permeadas de cânticos e brincadeiras. Elas mostram como a cultura e a sabedoria popular podem e devem estar presentes na vida das pessoas, nas escolas, nas bibliotecas, nas galerias e nas discotecas. Vejam só, "cana só dá açúcar depois de ser apertada", "quem faz um cesto faz um cento", "quem não se enfeita por si se enjeita" e "quem sabe faz a hora, não espera acontecer". É bom para despertar ainda mais a imaginação das crianças. O que isso tem a ver com aquilo? O que é, o que é? E assim a contadora provoca, instiga e propõe o reencontro da história com a cultura popular e a cidadania.

É uma viagem por um passado de dor que envergonha a humanidade. "Gado a gente marca, tange, fere, engorda e mata, mas com gente é diferente". E venderam, trocaram,

prenderam, roubaram, jogaram no mar, exploraram de todas as formas mais cruéis os índios e os negros.

Gente! "Gente foi feita para brilhar e ser feliz."

Então dois Franciscos, um Rei Chico Rei, outro Rei dos Palmares, Zumbi, se rebelaram, cada um com sua coragem, sua bravura de guerreiro, sua astúcia e sua sabedoria de mestre. "Um Rei é sempre um Rei."

E assim como Chico Rei não perdeu suas tradições, cantou, dançou e tocou tambores pelas ruas de Vila Rica, os negros entoam seus cânticos hoje pelo Brasil afora, esbanjando graça e consciência.

Sandra Lane, a contadora de história da nossa gente, conta, reconta e se quiser ainda conta outra vez. Seja da Amazônia ou do Sul, chê!

Que bom que ela fala de mim, de você, de nós, do Brasil. É a história da nossa gente, das nossas cores e raças, dores e pirraças, lutas e graças, dos campos e praças, com os "amores na mente, as flores no chão, a certeza na frente e a história na mão".

Rubinho do Vale
Cantor e compositor

APRESENTAÇÃO

Em minha prática como contadora de histórias e educadora, por diversas vezes eu me deparei com crianças e adolescentes que não se viam retratados nas histórias de seu país.

Procurei abrir mais os meus sentidos e comecei a perceber algumas histórias bem pertinho de mim que queriam ser contadas. A primeira que me escolheu foi Chico Rei. Para recontá-la, ouvi os congadeiros, li livros e deixei o tambor que carrego em meu peito se manifestar. Descobri a garra de um homem e do seu povo na resistência à dominação e na luta pela valorização da cultura africana, por meio das organizações sociopolíticas: irmandades, celebrações de festas religiosas, sincretismo, e o que não devemos esquecer: "Um Rei é sempre um Rei".

Após essa história, fui encantada por uma outra que falava de um herói negro. Era o Guerreiro Zumbi, com as rebeliões, revoltas, fugas e resistência organizada de um povo na construção da terra da liberdade: o Quilombo de Palmares.

"Quem conta um conto aumenta um ponto". Assim sendo, soltei a minha imaginação ao recontar a belíssima lenda do Sul do Brasil: Gaú-che. Essa lenda mostra a junção da cultura indígena com a europeia, ressaltando a arte como eixo dessa união.

Depois de tantos guerreiros, chegaram as guerreiras. Eram As Amazonas, que vieram em versos pela boca do poeta e contador de histórias Jorge Nelson. Ele me deu a liberdade e eu a recriei e passei a contá-la em prosa.

Por fim, deixei o meu sangue indígena, europeu e africano falar por mim. Foi assim que viajei no tempo e procurei trazer para quem quisesse conhecer as histórias da nossa gente. Hoje elas fazem parte deste livro. E, em parceria com o artista Vilmar de Oliveira, elas são contadas e intercaladas com brincadeiras e cantigas, nas apresentações artísticas e no CD homônimo a este livro.

Querido leitor e leitora, espero que, ao conhecer as *Histórias da Nossa Gente*, você não se preocupe em questionar que etnia é melhor ou pior. Certa vez, Fernando Pessoa escreveu: "Um dia de chuva é tão belo como um dia de sol. Ambos existem, cada um como é".

Sandra Lane

HISTÓRIA DA NOSSA GENTE

(História inspirada na miscigenação brasileira)

Há muito tempo, quando Pindorama nem sonhava que um dia seria chamada de Brasil, suas terras eram cobertas por matas fechadas e viviam soltos os bichos do chão, da água e do céu. As pessoas que moravam nessas terras tinham a pele acobreada, olhos puxadinhos, cabelos pretos e pertenciam a nações diferentes; algumas eram de paz, outras, porém, adoravam exibir como colares os dentes, orelhas e escalpos de inimigos. Mas o canto, a dança, o artesanato e o respeito com a mãe terra faziam parte da vida de todos.

Um dia, chegaram a este lugar algumas naus trazendo uma tripulação portuguesa, que ia desde homens da fina escrita e de fé a degredados. Os nativos, com o coração batendo forte, arregalaram os olhos e se arrepiaram. Nunca tinham visto um povo como aquele: uma pele muito branca, com cabelo no rosto, vestido até os pés e com ares de quem viajou por um longo tempo.

Por sua vez, os viajantes, também assustados, acharam aquele pessoal esquisito demais. Não dava para acreditar: homens, mulheres e crianças sem timidez alguma, peladões, usando no corpo somente pinturas feitas de sucos de plantas e vistosos enfeites com penas e contas multicores em volta da cabeça, do pescoço, braços e tornozelos. Pasmos, nativos e europeus ficaram olhando um para a cara do outro. Não demorou muito para que os primeiros sinais de amizade começassem: e entre uma troca de um espelho por ouro, um pente por diamantes. Os moradores deste paraíso tropical ficaram em festa com a chegada dos novos amigos. Sem entender direito o que acontecia, os nativos participaram de uma missa, passaram a ser chamados de índios pelos visitantes, viram a terra onde moravam receber o nome de Ilha de Vera Cruz e não demorou nada para escutarem:

        D
Cruz credo, o que é isso?

   A   D
Índio é de se estranhar

     G   D
Não é branco, é pagão

     A   D
Vamos ter que escravizar

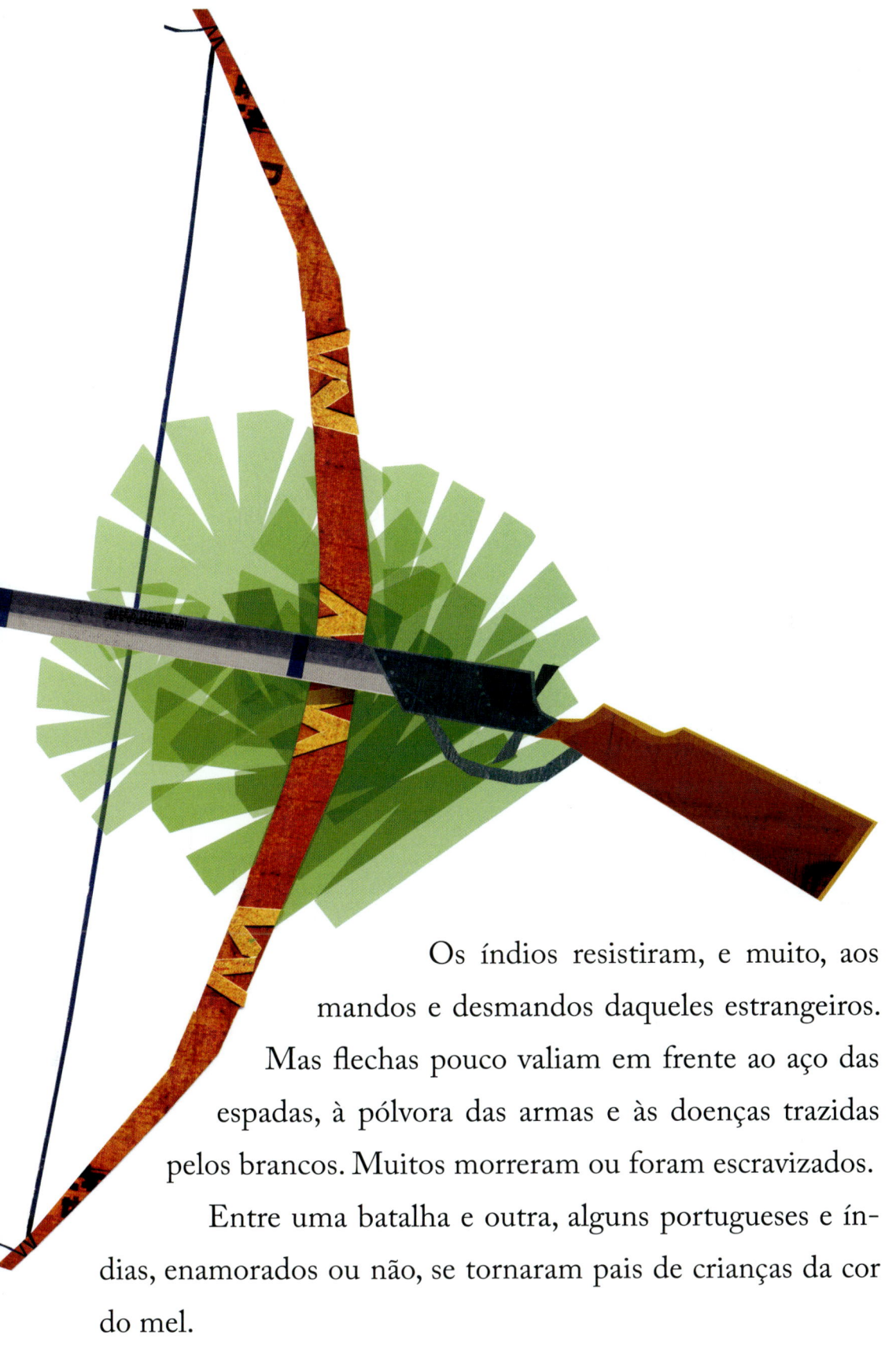

Os índios resistiram, e muito, aos mandos e desmandos daqueles estrangeiros. Mas flechas pouco valiam em frente ao aço das espadas, à pólvora das armas e às doenças trazidas pelos brancos. Muitos morreram ou foram escravizados.

Entre uma batalha e outra, alguns portugueses e índias, enamorados ou não, se tornaram pais de crianças da cor do mel.

Por mais encantadoras que fossem essas crianças, às vezes não eram bem aceitas e ouviam:

> D
> **Cruz credo, o que é isso?**
>
> A   D
> **Essa gente é de se estranhar**
>
> G   D
> **Não é branca nem é índia**
>
> A   D
> **Que procurem seu lugar**

Pertenciam a um tempo em que seus reis sempre se convenciam de não terem o bastante e ser herói era dominar gente e terras. Os colonizadores precisavam encontrar outros braços fortes para explorar, cada vez mais as riquezas da colônia. Descobriram a solução lá na África.

Ah! A África! Terra de gente da pele cor da noite, de sorriso de sol, terra de reis e rainhas, contadores de histórias, escultores, músicos, ferreiros, dançarinos, cozinheiros... Terra também daqueles que gostavam de guerrear... Capturar inimigos de outras tribos e comercializá-los com os estrangeiros. Quando acabaram os prisioneiros, nem mesmo os guerreiros escaparam, porque os dominadores enxergavam os africanos assim:

D	
Cruz credo, que é isso?	

A	D
Negro é de se estranhar	

G	D
Não é branco, é pagão	

A	D
Vamos ter que escravizar	

Trazidos nos porões imundos dos navios negreiros, sem nada de mala, mas na alma e no corpo toda a sua cultura: homens, mulheres e crianças de várias partes da África chegaram às terras que já eram conhecidas por Brasil. Longe de casa, escravizados, muitos se revoltaram.

A escravidão, porém, foi demorada... Tempo mais que suficiente para que nascessem crianças da cor de jambo, filhos dos colonos com as negras escravas, que, muitas vezes, escutaram:

D	
Cruz credo, o que é isso?	

A	D
Essa gente é de se estranhar	

G	D
Não é branca, nem é negra	

A	D
Que procurem o seu lugar	

No Brasil dos "Brasis", crianças da cor de canela, filhas da união de negros com índios, cresceram tal como bambuzal, que às vezes envergava, mas não se quebrava.

E assim, o tempo, que não perde tempo, pôde ver com o passar do tempo nascer pessoas de todas as cores, forma, jeito de falar, pensar, dançar, comer, ter fé, enfim, uma gente que não queria ser colônia nem colonizadores de ninguém.

Desde então, entre dores e alegrias, a história vem sendo construída por um povo que, quando se reconhece herdeiro do índio, do branco e do negro, encontra o seu lugar e descobre o que é ser brasileiro.

CHICO REI

(História inspirada na vida de Chico Rei, contada pelos congadeiros de Minas Gerais)

Você sabe quem foi Chico Rei? Pois eu não sabia até o dia em que, passeando em Ouro Preto, resolvi entrar em uma velha e desativada mina de ouro.

Sozinha, entrei na mina e fui observando os corredores compridos, silenciosos, as galerias de paredes úmidas, escuras e cheias de marcas de escavações.

De repente, escutei: "... Rei... Rei... Rei... Um Rei é sempre um Rei".

Olhei por todos os cantos e não vi ninguém. O tambor continuou: ".... Rei... Rei.... Rei... Um Rei é sempre um Rei". Minha pele arrepiou e meu coração, feito tambor, acompanhou aquele ritmo: ".... Rei... Rei.... Rei... Um Rei é sempre um Rei". Não senti medo, sabia que estava em um momento mágico. Fechei os olhos, deixei-me levar e viajei no tempo.

Assim, presenciei o exato momento em que o Rei Galanga Muzinga, sua família e toda a corte da nação conga foram aprisionados e jogados dentro do porão sujo de um navio negreiro, com destino ao Brasil.

Durante a viagem o mar ficou muito agitado.

Virgiii ... !!! Algo terrível aconteceu! A rainha Djalô e sua filha Itulú foram amarradas e atiradas pelos traficantes de escravos nas profundezas do Atlântico!

Os traficantes acreditavam que o sacrifício de mulheres e crianças acalmava o mar. O Rei Galanga Muzinga nada pôde fazer. Ele era o escravo Francisco, ou melhor, Chico, e juntamente com seu filho e companheiros tinham o destino traçado como escravos nas minas de ouro da antiga Vila Rica.

A vida no cativeiro era humilhante, injusta e cruel.

Mas, um Rei é sempre um Rei.

Dono de um espírito forte e alegre, Chico não deixava o olhar de sua gente cair. Relembrava as tradições de sua terra, alimentava a todos com esperança de liberdade e ensinava que quem não se enfeita, por si se enjeita.

Por seu filho e companheiros, Chico era capaz de tudo, até de apanhar no tronco no lugar de um velho escravo que, com certeza, não aguentaria as chicotadas.

"Um Rei é sempre um Rei." Pouco a pouco, o rei africano, além de ser admirado pelos companheiros, ganhava a confiança dos poderosos e, dessa forma, conquistou a liberdade.

Na vida, porém, não há gosto sem desgosto. Sua alegria só seria completa quando seu filho e sua gente também se tornassem livres.

Mas, como resolver tamanho problema?

Ainda bem que "um Rei é sempre um Rei."

Numa manhã, após um sonho divino, Chico acordou e soube muito bem o que fazer:

Passou a trabalhar como negro alugado, juntou dinheiro durante um bom tempo e comprou a antiga e abandonada Mina da Encardideira.

Correu o boato de que Chico havia perdido o juízo. Ora, todos sabiam que, naquela mina, ouro não mais havia.

Enquanto dia e noite o rei africano trabalhava na velha mina, uma gentinha, sem o que fazer, caçoava:

– Compadre, passô mais um dia. Ouro o Chico encontrô?

– Vosmicê num sabe não?

– Não.

– Nadica de nada.

– Compadre, passô mais um dia. Ouro Chico encontrô?

– Uai! Vosmicê num sabe não?

– Não.

– Nadica de nada.

Realmente, a Mina da Encardideira negava o ouro.

Acontece que a esperança é a última que morre... Principalmente no coração de um rei. E tal como a cana, que só dá açúcar depois de passar por muitos apertos, finalmente a Encardideira deixou reluzir a riqueza que escondia. Com o sorriso brilhando mais do que o ouro encontrado, o rei africano libertou o próprio filho. Com a sabedoria de que cesteiro que faz um cesto faz um cento, pai e filho trabalharam com tanta garra que em pouco tempo libertaram outro escravo. Nas profundezas da terra, mãos incansáveis cavavam a liberdade e iam se multiplicando na cooperativa de solidariedade.

Dessa forma, dezenas e dezenas de escravos foram libertados. Em sinal de agradecimento e fé, no alto do morro, próximo à Mina da Encardideira, uma igreja foi erguida por Chico e sua gente. Em dia de festa, mulheres negras com os cabelos dourados de ouro mergulhavam a cabeça na água de uma pia esculpida em uma pedra. O valioso metal que ali ficasse depositado iria libertar mais um escravo. "Um Rei é sempre um Rei."

Em terras dominadas por brancos, Chico foi coroado o Rei Congo. Ricamente vestidos, Chico Rei e toda a sua corte, depois de assistirem à missa cantada, voltaram tocando tambores, dançando e cantando pelas ruas da Vila Rica, como se fazia na África:

D   Em
Sinhô rei, eu vim te buscá

     A   D
Sinhá rainha mandô te chamá (bis)

D   G A D
Sinhá rainha, saia para fora (bis)

Bm   Em A
Faça continência ao sinhô rei

    D
E vamô embora

Bm   Em A
Faça continência ao sinhô rei

    D
E vamô embora (bis)

ZUMBI DOS PALMARES

(História inspirada na vida de Zumbi dos Palmares)

– Boca do forno!

– Forno!

– Assar um bolo!

– Bolo!

– Farão tudo o que seu mestre mandar!

– Faremos todos!

– E se não fizerem?

– Ganharemos bolo!

Então digam o nome de um herói brasileiro negro!

Em nossas brincadeiras de infância, Paula sempre foi esperta. É claro que naquele dia eu e meus colegas ficamos mudos que nem uma porta e aí... Ganhamos o tal bolo que era nada mais, nada menos, que um fortíssimo tapa na mão.

Chateada, cheguei em casa e perguntei:

– Vó, por que os negros não têm seus heróis?

Sorrindo, vó Maria respondeu:

– Têm, e muitos.

– Na escola nunca ouvi falar de nenhum!

Minha vó, num jeito muito dela, coçou o queixo e falou:

– Nesse angu tem caroço... Existem histórias que muita gente se esquece de contar.

Ao ver minha cara de quem nada entendeu, a velha sábia parou de enrolar os biscoitos de polvilho, limpou as mãos no avental, sentou-se perto de mim e começou a contar uma antiga história que aconteceu numa serra muito alta, cercada por palmeiras. Para esse lugar, muitos negros e negras que fugiram dos horrores do cativeiro, formaram aldeias e passaram a viver ali: na terra da liberdade, ou seja, no Quilombo dos Palmares.

Infelizmente, o lugar foi atacado várias vezes por caçadores de escravos. E, numa dessas horríveis invasões, foi capturado um menino. Na cidade, ele foi entregue a um padre que passou a cuidar dele e a chamá-lo de Francisco. Mesmo todos da cidade sendo contra um negro aprender a ler e a escrever, o padre ensinou a Francisco histórias da Bíblia, matemática e uma língua chamada latim. O garoto aprendeu tudo com muita facilidade e tinha um grande carinho e consideração pelo padre; porém, não se conformava com sua situação de escravo. Então, Francisco fugiu, voltou para Palmares, passou a usar o nome de Zumbi e, por ser inteligente e astuto, foi promovido a comandante das armas. Quando morreu Ganga Zumba, o líder de Palmares, Zumbi assumiu o seu lugar.

Os desafios para que o Quilombo dos Palmares continuasse sendo a terra da liberdade eram muitos. Entre eles, figurava o terrível bandeirante paulista Domingos Jorge Velho.

Com sede de dominação, o bandeirante e seus homens subiram a Serra da Barriga, avançaram cada vez mais para dentro da mata fechada e, quando estavam próximos do quilombo, se organizaram para o ataque, e...

– Socorro!

– Ai meu Deus!

– Não! Não!

Quase todos os homens do grupo de Jorge Velho foram apanhados de surpresa e

caíram nas armadilhas. Eles não imaginavam que Zumbi, em sua estratégia de guerra, havia orientado sua gente a construir e camuflar com a vegetação enormes buracos cheios de pontas fininhas de taquara envenenada.

Assustado, Jorge Velho fugiu e pediu ajuda ao governo, que o atendeu mandando vários canhões e um exército formado por milhares de homens. Tudo isso era para pôr fim a quase um século de resistência do Quilombo dos Palmares.

Armados até os dentes, o bandeirante e seu grupo cercaram toda a região, impedindo a entrada e saída dos palmarinos.

Não havia trégua, o quilombo era atacado incessantemente. A munição em Palmares aos poucos ia se acabando e os invasores cantaram vitória.

Mas Zumbi e seu povo não se entregaram. E até hoje resistem em muitos ideais de liberdade.

Vovó, depois de me contar tudo isso, deu um sorriso de quem diz:

– Por hoje é só.

Levantou-se e voltou a enrolar os biscoitos.

Da nossa cozinha escutei os sapos, lá no brejo, numa discussão sem fim:

– Foi!

– Não foi!

– Foi!

– Não foi!

E pensei:

– Eta bichos indecisos! Ainda bem que não era o meu caso. Depois de ouvir vó Maria, saí com muitas certezas. E você?

AS AMAZONAS

(História inspirada em uma lenda indígena)

Os índios contam que uma tribo de mulheres guerreiras, conhecidas como Icamiabas, ou seja, mulheres sem marido, surgiu assim:

Cansadas e zangadas com os maus-tratos recebidos de seus maridos, as índias cuidadosamente prepararam comidas e bebidas muito saborosas. Quando os índios voltaram da caça famintos e com sede, comeram e beberam até se fartarem.

É claro que os homens caíram num sono pesado. As mulheres aproveitaram, juntaram as armas e partiram para o Reino das Pedras Verdes. Nesse lugar, decidiram que iriam viver. Construíram suas moradas, caçaram, pescaram, fizeram cerâmica, redes, trabalharam na roça, e tudo era dividido em harmonia.

Inconformados, os índios foram atrás das mulheres. Elas, porém, armadas com flechas envenenadas e com cara de onça brava, os fizeram voltar sozinhos para a aldeia.

Mas, nem tudo estava perdido... uma vez por ano, as Icamiabas elegiam os melhores guerreiros para uma noite de amor. E no mês de abril, na época da lua cheia, mergulhavam

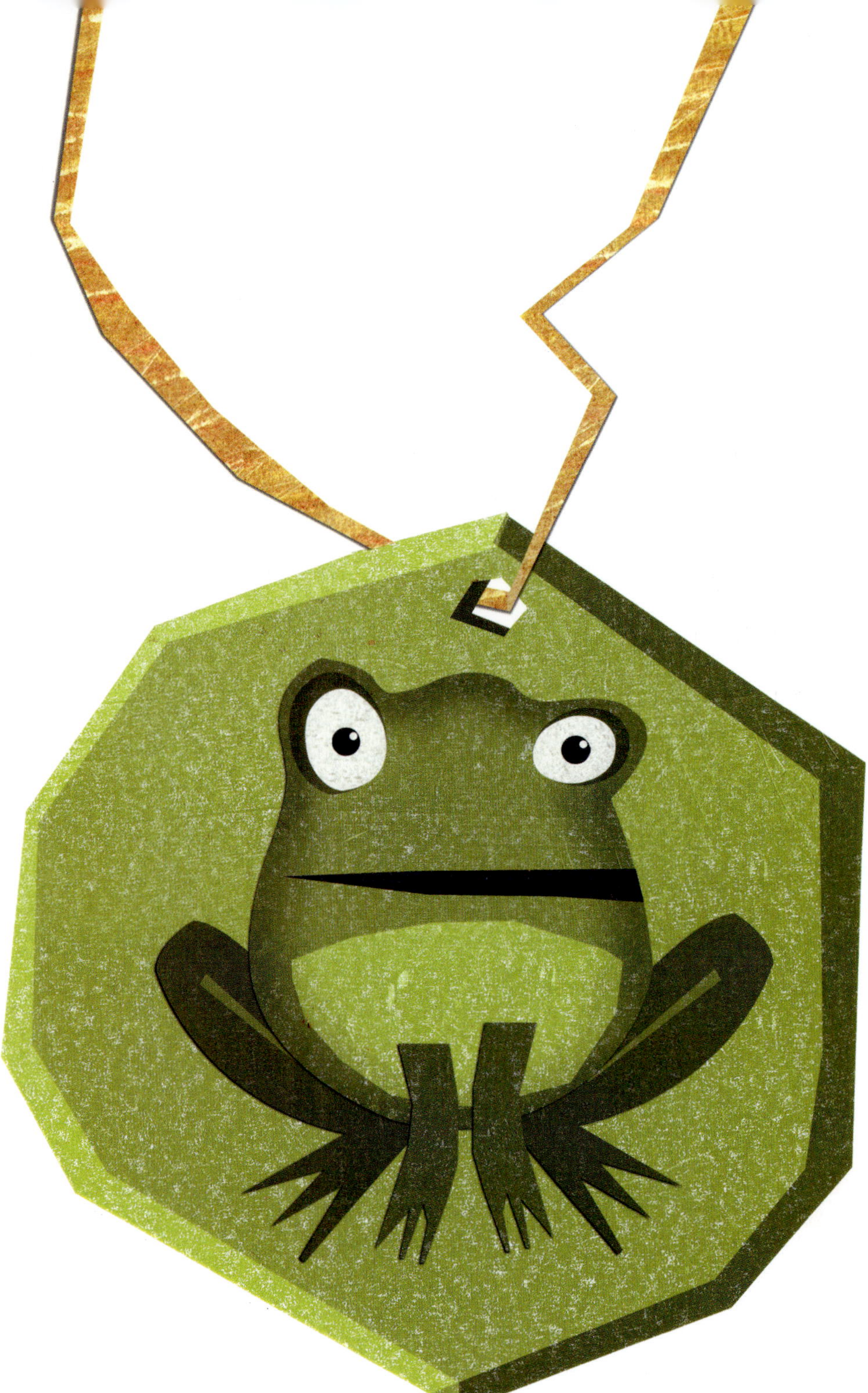

num lago enorme, o Jaci-Uaruá. Do fundo dele traziam uma pedra verde que quase sempre era esculpida na forma de uma rã, símbolo da fertilidade. Esse valioso amuleto chamava-se Muiraquitã, e era dado de presente aos guerreiros que as engravidassem de meninas. Se, porém, o bebê fosse menino, nada de amuleto! O pai levava o filho para cuidar porque, na aldeia das mulheres guerreiras, homem era só uma vez por ano!

Conta-se também que, em 1542, as Icamiabas foram confundidas pelo Frei Gaspar de Carvajal com o mito grego das Amazonas. E assim, passaram a ser chamadas. Desde então, um majestoso rio, próximo à morada das índias guerreiras, ficou conhecido como Rio das Amazonas.

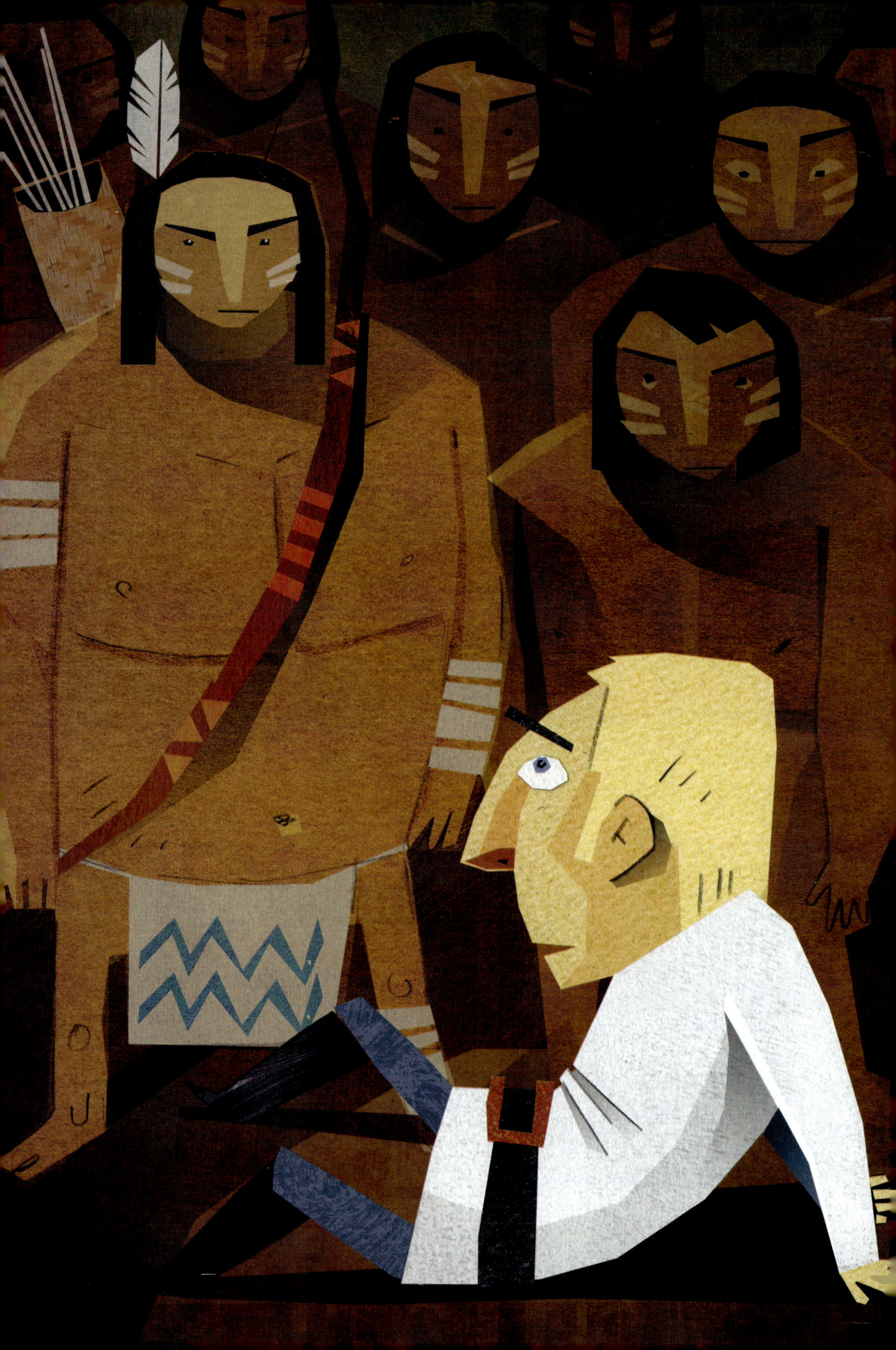

GAÚ-CHE

(História inspirada em uma lenda gaúcha)

– Atenção!

– Concentração!

– Vai haver revolução! Se você não me disser...

– O que é o que é: quanto mais se aproxima, menos se pode ver?

– Ah! Essa é fácil... É a noite. E por falar em noite, me contaram que, há muitos e muitos anos, um grupo de portugueses que procurava índios para escravizar estava acampado. Francisco, o mais jovem desse grupo, ao dormir sonhou que ele e seus companheiros eram atacados por seres de duas cabeças, quatro olhos e seis pés.

Quando acordou, não deu importância ao sonho e seguiu a jornada com os companheiros. Em um descampado, viram belos cavalos. Pensaram que eram animais selvagens e pretenderam laçá-los.

Mas quando se aproximaram dos cavalos...

– Barbaridade!

Vários índios se endireitaram em cima dos animais. A astúcia dos guerreiros fez com que se deitassem escondidos num dos lados dos cavalos, deixando o outro lado voltado para o inimigo até o momento de se posicionarem e atacarem com suas boleadeiras, flechas envenenadas e punhais feitos de ossos, pedra e madeira.

Francisco recordou o sonho, mas já era tarde. O ataque foi inesperado e rápido.

Vitoriosos os índios festejaram tocando maracás, apitos, tambores e membis.

Durante a festa, escutaram:

– Ai... ai...

O jovem Francisco estava vivo. Capturado, foi levado para a aldeia. Era tradição que o prisioneiro estivesse saudável para o sacrifício. Por isso, ele passou a ser cuidado com ervas, óleo, fumaça, pinturas, amuletos, músicas, danças. E, se com tudo isso o paciente não melhorasse, com certeza uma boa surra assustaria e mandaria embora os maus espíritos da doença.

Enquanto isso, o tempo da seca, de Coaraci-ara, passou. E o da chuva, Almana-ara, estava passando. Francisco melhorou e passou a ouvir, junto dos índios mais jovens, as histórias contadas pelos mais velhos da tribo. Aprendeu que não se devia caçar por divertimento e que os ensinamentos das crianças deveriam ser apenas pelo exemplo dos adultos. A sensibilidade daquela gente, alegre e festiva, todas as manhãs saudava o dia e pintava o corpo para expressar como se sentia e o que pretendia; e isto fazia Francisco perceber o quanto estava errado.

Para pedir perdão, Francisco ensinou tudo que conhecia de lavoura. Aquilo agradou os índios, mas nem tanto.

Na pesca, substituiu o anzol de osso ou espinho retorcido pelo anzol português. Ajudou a combater os inimigos e contribuiu muito nas caçadas. Aquilo agradou os índios, mas nem tanto.

E o dia do sacrifício do prisioneiro ia se aproximando...

Jaci, que era tão linda quanto seu nome (Lua), sentia-se enamorada por Francisco. E ele por ela.

Para despedir-se de seu amor, Francisco pegou uma madeira, cordas feitas de fibras de trepadeira, cola de peixe e, com muita habilidade, construiu um instrumento musical capaz de expressar sua dor.

Sentou-se no centro da aldeia, tocou a viola e cantou para Jaci.

    C   G
Vou-me embora, vou-me embora,

Prenda minha,
G   C
Toda a noite me atentou

        Am   Dm
Quando foi de madrugada,

Prenda minha
       G   C
Foi-se embora e me deixou

Encantados com a música, um a um os índios se aproximaram de Francisco e começaram a chamá-lo de Gaú-che, que significa "aquele que canta triste."

Com a música, Francisco tocou a alma dos índios. Como presente, deram-lhe o direito de permanecer na aldeia ou partir.

Ao escolher ficar, Gaú-che recebeu Jaci por esposa. Mas, na noite de núpcias, o pai de Jaci entrou sorrateiramente com um machado dentro da oca, aproximou-se do casal e... cortou os esteios da rede.

Os recém-casados caíram e levaram um grande susto. Segundo a tradição dos índios daquela aldeia, nasciam crianças com rabo se o casal não se assustasse na lua-de-mel.

Gaú-che e Jaci tiveram muitos filhos. Sem rabo, é claro! E nas terras do sul do Brasil, Gaú-che ficou conhecido como o primeiro gaúcho. Dizem que os descendentes dele e de Jaci herdaram o amor à natureza, à música e à liberdade.

Esta obra foi composta em tipologia *Adobe Caslon* e
impressa em papel Couché Liso 115 g/m² (miolo) e
Cartão 250 g/m² (capa).